★ *A Daily Journal of Gratitude & Love* ★

NICK KEOMAHAVONG

DEDICATION

This journal is dedicated to all the grandfathers who have selflessly provided support, inspiration, and unconditional love.

★ *PERSONAL MESSAGE* ★

TO:
FROM:

Date:_________________   Day #__________

I LOVE YOU BECAUSE...

Date:________________________   Day #____________

I LOVE YOU BECAUSE...

Date:_________________   Day #__________

I LOVE YOU BECAUSE...

Date:________________   Day #____________

I LOVE YOU BECAUSE...

Date:____________________   Day #____________

I LOVE YOU BECAUSE...

Date:______________________   Day #______________

I LOVE YOU BECAUSE...

Date:_______________   Day #_______________

I LOVE YOU BECAUSE...

Date:___________________   Day #___________

I LOVE YOU BECAUSE...

Draw the feeling...

Date:________________   Day #___________

I LOVE YOU BECAUSE...

Date:_________________   Day #___________

I LOVE YOU BECAUSE...

Date:_________________   Day #__________

I LOVE YOU BECAUSE...

Date:______________________   Day #___________

I LOVE YOU BECAUSE...

I LOVE YOU BECAUSE...

Date:_________________ Day #_____________

I LOVE YOU BECAUSE...

Date:______________________   Day #______________

I LOVE YOU BECAUSE...

Date:________________   Day #________________

I LOVE YOU BECAUSE...

Date:_________________   Day #___________

I LOVE YOU BECAUSE...

Date:_________________   Day #_____________

I LOVE YOU BECAUSE...

Date:_______________   Day #_____________

I LOVE YOU BECAUSE...

Date:_______________   Day #___________

I LOVE YOU BECAUSE...

Date:_______________   Day #_______________

I LOVE YOU BECAUSE...

Date:_______________   Day #_______________

I LOVE YOU BECAUSE...

Date:_________________   Day #_________________

I LOVE YOU BECAUSE...

Date:_________________   Day #__________

I LOVE YOU BECAUSE...

Date:_______________   Day #_______________

I LOVE YOU BECAUSE...

Date:_________________ Day #__________

I LOVE YOU BECAUSE...

____

____

____

____

____

____

____

____

____

____

____

____

____

____

____

Date:_______________   Day #__________

I LOVE YOU BECAUSE...

Date:________________   Day #____________

I LOVE YOU BECAUSE...

Date:_____________________   Day #___________________

I LOVE YOU BECAUSE...

Date:_______________   Day #_______________

I LOVE YOU BECAUSE...

____

____

____

____

____

____

____

____

____

____

____

____

____

Date:_________________ Day #_____________

I LOVE YOU BECAUSE...

Date:________________   Day #______________

I LOVE YOU BECAUSE...

Date:_________________   Day #__________

I LOVE YOU BECAUSE...

Date:_________________   Day #_____________

I LOVE YOU BECAUSE...

Date:_______________   Day #__________

I LOVE YOU BECAUSE...

Date:________________________   Day #___________

I LOVE YOU BECAUSE...

Date:_________________   Day #_______________

I LOVE YOU BECAUSE...

Date:_________________   Day #____________

I LOVE YOU BECAUSE...

Date:_________________   Day #_____________

I LOVE YOU BECAUSE...

Date:_________________   Day #_____________

I LOVE YOU BECAUSE...

____

____

____

____

____

____

____

____

____

____

____

____

____

Date:_______________   Day #_____________

I LOVE YOU BECAUSE...

Date:_________________   Day #_____________

I LOVE YOU BECAUSE...

Date:_______________________   Day #___________

I LOVE YOU BECAUSE...

Date:_________________   Day #_______________

I LOVE YOU BECAUSE...

Date:_______________   Day #__________

I LOVE YOU BECAUSE...

Date:_________________________   Day #_________________________

I LOVE YOU BECAUSE...

Date:________________   Day #________________

I LOVE YOU BECAUSE...

Date:_________________   Day #___________

I LOVE YOU BECAUSE...

Date:_________________   Day #___________

I LOVE YOU BECAUSE...

Date:_________________   Day #___________

I LOVE YOU BECAUSE...

Date:_________________   Day #_____________

I LOVE YOU BECAUSE...

Date:___________________   Day #___________________

I LOVE YOU BECAUSE...

Date:_______________   Day #___________

I LOVE YOU BECAUSE...

Date:_________________   Day #_______________

I LOVE YOU BECAUSE...

____

____

____

____

____

____

____

____

____

____

____

____

____

Date:_______________   Day #___________

I LOVE YOU BECAUSE...

Date:_________________   Day #_________________

I LOVE YOU BECAUSE...

Date:_____________ Day #__________

I LOVE YOU BECAUSE...

Date:_______________   Day #_______________

I LOVE YOU BECAUSE...

Date:_______________   Day #__________

I LOVE YOU BECAUSE...

Date:_________________   Day #_____________

I LOVE YOU BECAUSE...

Date:________________   Day #___________

I LOVE YOU BECAUSE...

Date:_________________   Day #___________

I LOVE YOU BECAUSE...

Date:_______________   Day #_______________

I LOVE YOU BECAUSE...

Date:_________________   Day #_____________

I LOVE YOU BECAUSE...

Date:_______________   Day #___________

I LOVE YOU BECAUSE...

Date:_________________________   Day #_______________

I LOVE YOU BECAUSE...

Date:_______________   Day #__________

I LOVE YOU BECAUSE...

Date:_________________   Day #_____________

I LOVE YOU BECAUSE...

Date:_________________ Day #___________

I LOVE YOU BECAUSE...

Date:___________________   Day #___________

I LOVE YOU BECAUSE...

Draw the feeling...

Date:___________________ Day #___________________

I LOVE YOU BECAUSE...

Draw the feeling...

Date:________________________   Day #____________________

I LOVE YOU BECAUSE...

Date:_________________   Day #_____________

I LOVE YOU BECAUSE...

Date:_________________   Day #___________

I LOVE YOU BECAUSE...

Date:_______________   Day #_____________

I LOVE YOU BECAUSE...

Date:________________   Day #__________

I LOVE YOU BECAUSE...

Draw the feeling...

Date:_________________   Day #_____________

I LOVE YOU BECAUSE...

____

____

____

____

____

____

____

____

____

____

____

____

Date:_________________   Day #___________

I LOVE YOU BECAUSE...

____

____

____

____

____

____

____

____

____

____

____

____

Date:_________________   Day #_____________

I LOVE YOU BECAUSE...

____

____

____

____

____

____

____

____

____

____

____

____

____

Date:____________________   Day #________________

I LOVE YOU BECAUSE...

Date:_____________________   Day #__________

I LOVE YOU BECAUSE...

Date:________________   Day #__________

I LOVE YOU BECAUSE...

Date:_________________   Day #_________________

I LOVE YOU BECAUSE...

Date:_________________ Day #_____________

I LOVE YOU BECAUSE...

Date:_________________   Day #__________

I LOVE YOU BECAUSE...

Date:_______________   Day #_____________

I LOVE YOU BECAUSE...

Date:_________________   Day #_________________

I LOVE YOU BECAUSE...

Date:_________________   Day #_____________

I LOVE YOU BECAUSE...

Date:_________________   Day #___________

I LOVE YOU BECAUSE...

____

____

____

____

____

____

____

____

____

____

____

____

____

Date:_______________   Day #___________

I LOVE YOU BECAUSE...

____

____

____

____

____

____

____

____

____

____

____

____

____

Date:_______________________   Day #__________

I LOVE YOU BECAUSE...

Date:___________________   Day #______________

I LOVE YOU BECAUSE...

Date:_______________ Day #__________

I LOVE YOU BECAUSE...

Date:______________________   Day #______________

I LOVE YOU BECAUSE...

Date:_______________   Day #_____________

I LOVE YOU BECAUSE...

Date:_______________________   Day #_______________

I LOVE YOU BECAUSE...